Devrim Karahasan

Im Wandel der Zeit

Devrim Karahasan

Im Wandel der Zeit

Zeitgeschehen in sozialen Medien

Dictus Publishing

Imprint

Cover image: www.ingimage.com

Publisher:
Dictus Publishing
is a trademark of
Dodo Books Indian Ocean Ltd., member of the OmniScriptum S.R.L Publishing group
str. A.Russo 15, of. 61, Chisinau-2068, Republic of Moldova Europe
Printed at: see last page
ISBN: 978-613-7-35582-4

INHALTSVERZEICHNIS

Vorwort

Soziale Medien sind *en vogue*. Humoresk, satirisch, informativ - das sind sie bestenfalls. Sie unterhalten uns, wir unterhalten uns und sind dabei, wenn wir es wollen, permanent vernetzt. Debatte und Austausch, aber auch Beleidigungen und Drohungen gehören zur Realität der Nutzer, die in allen Altersgruppen das neue Medienzeitalter zu feiern scheinen. Oft nicht ohne Verluste: denn Datenschutz und Standards haben noch nicht das Niveau erreicht, das es bräuchte, auch wenn soziale Medien den Anspruch erheben lebendige Demokratie zu sein. Sie können zum Problem werden und das zu verhindern oder zumindest zu verdeutlichen, ist eines der Anliegen dieses Buches. Das Zeitgeschehen im politischen und kulturellen Kontext ist very entertaining auch dank sozialer Medien, die erst richtig eingesetzt ein unterhaltsames Abenteuer, aber zumindest ein Zeitvertreib sein können. Sich dagegen zu entscheiden wirkt im globalen Dorf, in dem wir aktuell leben, vielleicht uncooler als sich an sein Handy oder den Computer zu fesseln. Aber Standards einzufordern, die von Seiten der Betreiber aus finanziellen Gründen auf wenig Gehör stoßen oder von den Nutzern ignoriert werden, weil es einfach Spaß macht vernetzt zu sein, ist mindestens genauso legitim. Das Buch streift die Medienlandschaft in Zeiten der Pandemie und möchte Anregungen und Gelegenheit geben, das Zeitgeschehen nicht der Schnelllebigkeit des Internets zu überlassen.

Ob Barbara Schöneberger, Sahra Wagenknecht, Armin Laschet oder Markus Söder - für keinen Politiker oder Prominenten wäre das Leben derzeit ohne soziale Kanäle denkbar und gestaltbar. Sie nutzen sie ganz selbstverständlich so wie viele andere, die von Ruhm, Macht oder Reichtum allenfalls träumen können. Aber genau das ist es was viele so fasziniert: sie wollen nicht nur dabei sein, sondern sich neue Welten und Wege eröffnen lassen. Und tatsächlich geht das Versprechen oft genug in Erfüllung. Soziale Kanäle sind immer mit dabei, wenn es etwas zu berichten gibt. Der Eurovision Song Contest beispielsweise hat in diesem Jahr Italien nach vorne katapultiert: Hardrock war angesagter als Popmusik. Im vergangenen Jahr musste man noch ganz ohne Publikum auskommen, dieses Jahr war der Andrang groß und fand unter Corona-Auflagen statt. Überhaupt hat die Pandemie dem Internet und der Digitalisierung zu einem kräftigen Schub verholfen. Und so wird weiter gefeiert, ohne sich gewahr zu werden wie viel auf dem Spiel steht: die Praxen der Kinderärzte und -psychologen sind voll, weil die Jüngsten unter vielem leiden was manch Erwachsenem ganz normal erscheinen mag. Aber oft geben sogar eher die Kinder noch die Richtung vor, weil sie mit den sozialen Netzwerken noch selbstverständlicher umgehen und das auch wollen, weil ihre Eltern schließlich auch nicht zurückstehen.

Das Buch beinhaltet neun Texte, die zuvor im Internet erschienen sind. Wie aktuell sie sind, mag jeder Leser für sich selbst entscheiden. Und ob sie Wege aus der Krise weisen können, die uns in ein Internet-Schneckenhaus zu ziehen wohl kaum als lebbare Option lassen, sei dahin gestellt. Denn Leben findet immer noch analog statt. Da mag die Ministerin für Digitalisierung, Dorothee Bär, noch so viel Begeisterung versprühen. Was sie zu erreichen versucht, ist ohnehin längst nicht umgesetzt: Glasfaserkabel sind teuer und aufwändig zu verlegen und woher das liebe Geld dafür kommen soll, darüber besteht nach wie vor Streit. Und ob wir in einer gläsernen Welt leben wollen - ich persönlich wage das zu bezweifeln. "Schöne neue Welt" - wie viel schöner könnte sie sein, wenn das Internet ein Raum würde, in dem sich jeder so verhält wie er es von seinen eigenen Kindern wünscht: wohlerzogen, höflich und rücksichtsvoll. Die Pädagogik hat wohl noch einiges an Arbeit zu leisten. Und Huxley hatte die vielen Hacker, die uns das Leben schwer machen, dabei vermutlich noch nicht einmal auf dem Schirm.

„Weapons of Math Destruction“ – soziale Medien im Visier

Humor ist, wenn man trotzdem lacht. Lustiges in den sozialen Medien zu entdecken, ist ein Leichtes: fast alles wird auf die Schippe genommen und lädt zum Schmunzeln und Lachen ein. Ein besonderes Charakteristikum in Zeiten, die manchmal die Politik wie ein Schauermärchen und deren Figuren wie Marionetten in einem Drama aussehen lassen, das gut ausgehen kann, wenn der Humor tatsächlich Oberhand gewinnt. Die sozialen Medien sind ein Segen, sagen diejenigen, die der modernen Kommunikation viel abgewinnen. Fällt sie ihnen vielleicht nur deshalb oft leichter als der direkte Kontakt oder eine handfeste Diskussion, weil weniger Reibung zu entstehen scheint ? Wenn der Austausch und die Auseinandersetzung ins Internet verlagert werden, wähnen sich viele in einem rechtsfreien Raum und werfen fast alle Regeln über Bord. Burnout zum Beispiel durch Cybermobbing ist ein ernstzunehmendes Phänomen. Vielfach haben diese Medien daher mit Kritik zu kämpfen, die genau besehen überflüssig würde, wenn jeder den Anstand, den er für sich selbst wünscht, auch anderen entgegenbrächte. Bisweilen ist daher von „antisocial media“ die Rede. Kaum ein Prominenter, kaum ein Politiker, ja Normalbürger, der seinen Alltag nicht auf solchen Medien bestreitet und seine Meinung und Gefühle oft im Sekundentakt kundtut. Diejenigen, die sich raushalten, sind die Paria des Medienzeitalters oder zumindest out of the game. Das Gemurmel der Vielen stößt auf Echo und - Eigenheit dieser Medien - das meist in Windeseile. Die Echokammer generiert Resonanz, wo sonst gähnende Leere entstünde. Genauso die Verbreitung: in Nullkommanix wissen Follower und Fans was Sache ist und nicht selten werden gleich auch andere dabei herabgewürdigt, Manipulation von Inhalten inbegriffen. Dabei klingt die Initialidee so faszinierend: Vernetzung von Milliarden von Menschen über Bild, Text und Ton über den gesamten Globus, konstante Erreichbarkeit, offenes Internet als reale Möglichkeit. Welches Printmedium bzw. welche Zeitung kann schon von sich behaupten, so viele Leser weltweit zu unterhalten?

Vor welche Herausforderungen stellt dies den digitalen Qualitätsjournalismus? "Qualität" freilich verstanden als maßgebliches Kriterium - ein Gütesiegel für Standards, die eingehalten werden, um sicherzustellen, dass Leser nicht zugemüllt, sondern sachgerecht informiert werden. Doch ein Hindernis ist das Geschäftsmodell, auf dem soziale Medien fußen. Über Tracking werden geschickt Werbeinhalte so gesetzt, dass sie den jeweiligen Follower ansprechen. Und häufig - so fand eine Studie jüngst heraus - wissen viele zwischen Nachricht und Werbung im Internet gar nicht zu unterscheiden. Was kann schon schlecht sein an grenzenlosem Austausch, der so reich machen kann, dass ein Nullachtfünfzehnjob wie eine Parodie aus einer vergangen geglaubten verstaubten Ära wirkt? Die Macher der Plattformen nehmen Milliarden ein und geben ihren Nutzern ein Erfolgsversprechen ab, das antörnt und antreibt, in der Maschinerie des Internetgeschäfts mitzumischen. Ein Riesenreibach also, bei dem die Inhalte und die Form auf der Strecke zu bleiben drohen und nur gewinnt wer möglichst viel Aufmerksamkeit generiert, egal mit was? Längst hat sich herumgesprochen, dass zum Beispiel Stars und Sternchen das Spiel nur mitmachen, weil sie auf diese Weise ihre Lebensgrundlage sichern und erweitern. Wie überzeugt sie davon sind, steht auf einem anderen Blatt. Das müssen sie vermutlich auch nicht, denn die Spielregeln machen es ihnen leicht. Aber wer identifiziert sich schon so sehr mit seinem Beruf, dass er nicht augenzwinkernd über ein paar ärgerliche Nachteile hinweg sähe ? Dabeisein ist alles, scheint das allumfassende Motto zu sein. Schon tummeln sich zahllose Influencer und machen Reklame für Produkte, von denen man sonst nie etwas gehört hätte. Werbeverträge sichern das Einkommen und so macht mit, wer sein Gesicht hergeben möchte für alles, was Geld generieren kann. Wen interessiert da schon die Datenschutzgrundverordnung, wenn Big Data den Weg freimacht für ungeahnte Träume der künstlichen Intelligenzförderer, die sich anschicken, die tapfere neue Welt in ihre glorreiche Zukunft zu hieven? Und ob nun Amerika oder Europa sich durchsetzt, sieht man am täglichen Plebiszit der User, die diese Trennlinie gar nicht ziehen.

Fake News und *Hate Speech* erregen die Gemüter und verwirren sie zuweilen. Ist die Queen etwa längst tot und wird durch ein Double ersetzt? Will Angela Merkel in die

USA auswandern? Ist Barack Obama ein Alien? Wer solche Nachrichten goutiert, will längst mehr wissen. Womöglich steht die Welt am Abgrund, weil David Bowie das Zeitliche gesegnet hat und sein Chinagirl auf Tiktok herumhüpft als sei die Rettung sinnversprechend nur noch in der Musik zu suchen. Eine Ausflucht ins Queere und viel Aussicht auf abgefahrene Visionen, ganz ohne Drogenkonsum. Dabei sind die sozialen Medien längst selbst die Droge. Für viele undenkbar, auf den nächsten Shot bzw. Click zu verzichten, wenn Kokain gerade nicht zu haben ist. Wie ist dem beizukommen? Das Problem beginnt schon dort, wo klar ist, dass um Erlaubnisfragen bei Abdruck oder Verbreitung so dermaßen uncool geworden ist, dass die rechtlichen Rahmen längst nicht mehr ausreichen. So kann man sich darüber amüsieren was alles zustande kommt. Oder eben sich aufregen, dass das Alles nicht in Ordnung sei. Und nach Regulierung rufen. Als man einst die Märkte entfesselte, kam eine Krise nach der anderen. Was passiert, wenn man Socialmedia ihren freien Lauf lässt? Enden wir alle als Newsjunkies, die ihren Kopf nicht mehr vom Handy heben? Längst hat das vielerorts Einzug gehalten. Den Tag mit einem Blick in Socialmedia zu beginnen: für die Meisten, vor allem jungen Menschen, längst Alltag. Und dass sie noch leben, tun sie dadurch kund, dass sie einen Post raushauen. So wird wahr, was einst Andy Warhol prophezeite: es werde die Zeit kommen, in der jeder seine fünf Minuten Berühmtheit erlangen werde. Nur zu welchem Preis - das hat Warhol in seiner endlosen Schüchternheit für sich behalten, weil er die Popart selbst so gelebt hat, dass der Kulturbetrieb ihn gefeiert hat für seinen originellen Beitrag zur Selbstinszenierung. Allerdings ist diese meist in nicht mehr als in ein paar Sekunden abgehandelt, denn viele Socialmedia-Plattformen sind so programmiert, dass sich das Gepostete nach Sekunden automatisch löscht. Mehr Aufmerksamkeit gibt es eben nicht im Zeitalter des Internets: damit muss jeder zu leben lernen. Ob Instagram, Tiktok oder Snapchat - jeder setzt andere Akzente. Fast jede Institution, Organisation oder Firma ist inzwischen auf den Socialmedia-Kanälen vertreten, die sie füttern, um im Gespräch zu bleiben - die vielen TV-Sender und Medienhäusern machen es schließlich vor. Genauso wie bei Interviews, die über Anfragen zustande kommen, müsste es Autorisierungen geben. Und die Netiquette einzuhalten, ist auch längst noch nicht Standard. Konsequentere Durchführungen der Regeln wären ein erster Weg bzw. überhaupt erst strengere Regeln. Als Mark Zuckerberg mit Facebook angetreten war, tat er das mit dem Motto, die Welt besser zu machen, wie er einmal sagte. Wenn man sich das Ergebnis anschaut, beschleichen einen manchmal leise Zweifel, ob ihm das gelungen ist. Das soziale Dilemma, in dem er selbst verfangen ist, kann er kaum mehr lösen. Das Ideal des Guten und Aufklärerischen mag über Vielem schweben, was auf den Plattformen geschieht. Nur sieht die gelebte Realität der User offensichtlich oft genug anders aus. Einsamkeitsgefühle, Unverstandensein und Isolation gehören genauso zum Repertoire der Socialmedia-Nutzer wie Sensationsgelüste, Voyeurismus und narzisstische Selbstdarstellung. Wie können also Ideal und Realität in Einklang gebracht werden ?, fragen nicht nur Sozialarbeiter, sondern zunehmend auch Juristen, Soziologen und Psychologen. Und Umweltpolitiker, die wissen welchen ökologischen Preis wir für die Digitalisierung bezahlen, nämlich immens hohe Stromkosten und eine Infrastruktur bzw. Bereitstellung, auf die jeder aufgrund des Gleichheitsgrundsatzes ein Anrecht hat, am besten gleich als ganz schnelles Internet wie jüngst gerichtlich festgelegt. Die Politik hinkt wie immer hinterher. Gesetze sind in der Mache, konnten allerdings bislang nicht viel ausrichten. Die EU erscheint in diesem Medienspektakel seit Jahren als der große Spielverderber. Steuermodelle wirken abschreckend und mindern eben den Profit. Einfache Lösung: die Auslagerung in Steueroasen und lauter kleine Tochterfirmen. Socialmedia als Mosaik der Globalisierung in einer zerfledderten Welt voller Follower, User, Avatars, Profile und derlei Ersatzidentitäten mehr. Was aber ist die echte Identität, falls man sie überhaupt verorten kann in den zahllosen Rollenzuschreibungen, die uns alle ausmachen? Das fragen sich inzwischen so viele, dass den Socialmedia so manche Anhänger davon laufen. Allerdings nicht in Scharen, denn das Bewusstsein verbreitet sich weniger schnell als die Likes und Clicks. Jeder hat es selbst in der Hand, was er mit dem Angebot der Vernetzung anstellt und ob es ihm das geben kann, was er sich vorstellt. Den meisten darf man unterstellen, dass es ihnen um Kommunikation geht. Doch genau die kommt oft gar nicht erst zustande, zumindest nicht, wenn Darstellung vor Inhalt geht. Mehr als plaudern ist es dann wohl eher doch nicht. Oder sogar provozieren, denunzieren oder/und beleidigen und drohen. WhatsApp, das genauso wie Instagram seit geraumer Zeit zu Facebook gehört, und zwar dank einer bisher nie dagewesenen hohen Summe Ablöse, verspricht eine Verschlüsselung, die für Profis allerdings leicht zu knacken ist. Der Verdacht der Spionage für die chinesische Regierung beispielsweise von Seiten Tiktoks steht im Raum. Und Treema und Telegram sind auch mit von der Partie, wenn es ums Ausspähen geht. Dass Donald Trump seine Karriere als US-Präsident vorrangig über Twitter bestritt, ist hinlänglich bekannt. Dass sie nach einer Amtszeit endete auch. Viele Politiker taten es ihm gleich. Damit hat sowohl die Qualität der Politik gelitten als auch oft genug die Berichterstattung, da Populismus leichter verbreitet werden konnte, was ja auch genau das Ziel war. Wenn Konformismus Einzug hält, hat der Individualismus kaum eine Chance. Vordergründig aber soll genau der befördert werden. Es geht also mehr um Inszenierung als um echten Austausch. Allerding lässt hoffen, dass die Deutschen im Glücklichkeit-Index auf Platz sieben von siebzehn aufgerückt sind. Vielleicht hat die Pandemie so manch einen zum Nachdenken gebracht und trotz (oder wegen?) erhöhten Internet- und Telefonkonsums zur Einkehr geführt. Wir leben in einer Zeit, in der einerseits - zurecht oder zu unrecht - beklagt wird, dass sich die jüngeren Generationen von der Politik zunehmend abwenden, andererseits sie aber noch nie so vernetzt waren wie heute. Damit bieten sich viel zahlreichere Kommunikationswege und -weisen. Für eine zeitgemäße Berichterstattung kann es daher sinnvoll sein, die neuen Medien zu nutzen und zu verbessern im Sinne einer gesellschaftlichen Verantwortung. Und sehr viele Jugendliche und junge Menschen wissen das schon lange. Wie kann der Umgang mit Nutzerdaten gestaltet werden ohne Persönlichkeitsrechte zu verletzen? Oder kann man davon ausgehen, dass jeder bereit ist, den Preis der Vernetzung einfach stillschweigend zu zahlen? Die Maxime, dass Qualität im Internet nicht über einfache Schlagworte wie „offenes Internet“ hergestellt werden kann, sondern durch konkrete Ausgestaltung von Regeln und Prinzipien, deren Einhaltung kontrolliert werden können muss, gewinnt zunehmend an Bedeutung. Dabei ist Löschung und Sperrung von Inhalten genauso ein Thema wie Ausnutzung der Marktmacht. Wie funktioniert die Verquickung von Politik und Socialmedia sinnvoll und zielführend in einer Zeit, in der Wahlkämpfe ohne sie nicht mehr denkbar scheinen? Wer Propaganda betreibt statt Demokratie zu fördern, oder eben diese im Sinne einer Diktatur statt der Demokratie, hätte sich eigentlich selbst disqualifiziert. Die Algorithmen müssen das nur entsprechend so vorgeben. Und das ist dann offenbar die Zensur, gegen die sich so viele wehren, weil sie sich ihrer Freiheit beraubt sehen. Nur ist die Unfreiheit der Diktatur ungleich höher. Das geht im Internetgemurmel bisweilen gerne unter und ist bei den Betreibern der Seiten bislang nur halbherzig angekommen, denn Diktaturgegner und -befürworter verwischen geschickt ihre Konturen. Oder sie ignorieren diese Furcht schlichtweg und nehmen etwas in Kauf, das auch ihnen selbst schaden kann auf lange Sicht. Dass Socialmedia unser Leben genauso bereichern wie veröden, ist ein Fakt, um den kaum jemand herum kommt, wenn er sich der Thematik tiefergehender widmet wie es beispielsweise Nena Schenk getan hat, um ihrer Generation den Wink zu geben, dass draußen ein Leben auf sie wartet. Und das Fettnäpfchen von Bodo Ramelow im Zuge der leidlichen Ministerpräsidentenkonferenzen zeigt, dass in Fragen der Erweiterung von digitaler Medienkompetenz noch reichlich Luft nach oben ist. Geschlechterklischees in Form von Verniedlichungen weiter zu bedienen scheint zudem auch noch nicht aus der Mode gekommen zu sein. *Candy Crush* hat es zu einem Schub verholfen, zweifellos. Wer die Macht hat, wähnt sich unangreifbar. Dabei ist der Schritt ins Lächerliche keinen Katzensprung weit entfernt. Das weiß inzwischen auch Bodo Ramelow.

Olaf Scholz - der Stolz der SPD?

Kaum hat die SPD ihren Kanzlerkandidaten auserwählt, schon schlägt ihm in den sozialen Medien Spott entgegen: Nolaf wolle man nicht als Kanzler. Wie seine Chancen stehen, ist zu diesem Zeitpunkt indes ohnehin schwer auszumachen. Fest steht, dass die SPD durch die vorzeitige Auswahl von Olaf Scholz ein Signal setzt, dass in vielerlei Richtungen interpretationsfähig ist. Während andere Parteien noch mit der Corona-Krise hadern, verdeutlicht die SPD: wir haben uns für Scholz positioniert - sogar Kevin Kühnert und Lars Klingbeil scheinen hinter ihm zu stehen, beide sonst nicht gerade bekannt für leise Töne. Markus Söder von der CSU musste derweil ausbaden, dass es zu technischen Pannen beim Corona-Testen in Bayern gekommen war. Zahlreiche positiv Getestete hatten auch nach zwei Wochen noch nicht ihr Testergebnis vorliegen. Die IT war fehlerhaft gewesen bzw. zum Zeitpunkt der Testung noch nicht vollständig ausgereift. Das kann wohl kaum Söder anzulasten sein, sondern der Perfidie des Virus, dessen Erforschung längst noch nicht beendet ist. Um Geschlossenheit zu demonstrieren, lehnte Söder jedoch das Rücktrittsgesuch seiner Gesundheitsministerin Melanie Huml ab und entschuldigte sich öffentlich. In der Politik bleibt selten ungestraft, wer sich zu weit aus dem Fenster lehnt. Die Grünen konterten sofort damit, dass sich Söder als selbsternannter Corona-Diplomat nun in die Nesseln gesetzt habe: das Image Bayerns als Vorreiter in der Bekämpfung der Pandemie hat nicht nur dadurch Risse bekommen, die nun schwer wieder zusammenzufügen sind. Denn das Virus erlaubt uns und vor allem den Verantwortlichen kaum Pausen in der Strategieführung. Die SPD und alle Wähler haben nun jedenfalls genug Zeit, sich an die Vorstellung zu gewöhnen, dass Olaf Scholz, der von Corona - soweit bekannt - bisher weitgehend unbeschadet blieb, den nächsten Wahlkampf auf Bundesebene bestreiten wird. Er wirkt entschlossen und wählt seine Worte mit Bedacht, um vermutlich ja nicht den Eindruck zu erwecken, die SPD schlingere so vor sich hin. Ob er den Spagat hinbekommen wird, noch circa ein halbes Jahr lang der Großen Koalition als Bundesfinanzminister zu dienen, bleibt abzuwarten. Scholz hat zurzeit zu allem Grundübel des inneren und äußeren

Parteiengezänks auch noch den Wirecard-Skandal an der Backe, über den viele Kommentatoren sagen, dass es der größte Finanzskandal in der Geschichte der Bundesrepublik sei. Als Stratege ist Olaf Scholz allerdings vielen bekannt und er verhält sich stets gerne eher abwartend als forsch. So wird er die Lage wohl genau beobachten und sich tunlichst bemühen grobe Fehler zu vermeiden. Dass keine Frau wie zum Beispiel die beliebte Ministerpräsidentin von Rheinland-Pfalz, Malu Dreyer, oder diejenige von Mecklenburg-Vorpommern, Manuela Schwesig, auserwählt wurde, hat sicherlich auch gesundheitliche Gründe. Von Svenja Schulze war trotz ihres Ministeramtes auch nichts Gegenteiliges zu hören. Und nach Angela Merkel nochmals eine Frau ins Rennen zu schicken, wirkt für einige (nicht nur im öffentlichen Raum) eventuell abgehalftert und wie ein *Déjà-vu*. Noch einmal eine Frau in Krisenzeiten? Da mag manch einer denken: das tun wir uns nicht wieder an (obwohl insgeheim vielen klar sein könnte, dass Frauen oft die besseren Chefs abgeben). Den Jüngeren innerhalb der SPD fehlt indes die Ministererfahrung bzw. Erfahrungen mit Posten jenseits der eigenen Partei. Eventuell haben sie aber auch einfach keine Lust, bundesweite Verantwortung zu übernehmen und das Chaos zu erklären. Oder warum nicht Heiko Maas oder Stephan Weil? Und wie weit links die SPD nun aufschlagen möchte, hat sie sich vielleicht noch gar nicht so genau überlegt. Verlautbaren ließ sie aber zumindest, dass sie ein Bündnis mit der Linkspartei diesmal nicht ausschließe. Saskia Esken und Norbert-Walter Borjans scheinen dafür jedenfalls eher Garanten zu sein als Olaf Scholz, denn der ist nicht für einen Linkskurs bekannt (außer vielleicht denen, die ihn aus seinen jüngeren Jahren oder seiner Zeit in Hamburg kennen, wo er den sozialen Wohnungsbau voran zu bringen mithalf). Saskia Esken versuchte sich dadurch hervorzutun, dass sie der Polizei strukturellen Rassismus vorwarf, womit sie sich keinen Gefallen getan hat. Warum aber ausgerechnet Olaf Scholz es richten soll, hat vermutlich wie so oft strategische Gründe. Eventuell traut man ihm die höchste Integrationsfähigkeit innerhalb der eigenen Partei und darüberhinaus zu, was angesichts so mancher internen Äußerungen indes doch eher verwundert hat. Oder niemand anderer wollte so richtig. Es ist eben nicht leicht, in Angela Merkels Fußstapfen zu treten. Wem die SPD wird

Wähler abspenstig machen können, um über die derzeitigen circa 16% hinaus zu kommen, wird sich zeigen: liberale Wähler der CDU, denen der Merkelkurs inzwischen suspekt geworden ist? AfDler, die mit Nazis und solchen, die es werden wollen, nichts am Hut haben wollen (und das ganz zurecht) ? Und/oder Grünenwähler, denen Baerbock, Göring-Eckhardt und Habeck nicht staatsmännisch genug sind? Es wird in jedem Fall ein Kraftakt werden, der zwar nicht komplett aussichtslos ist, aber einiges an Fliehkräften beinhaltet. Treten wir also die Flucht nach vorn an...! Kurt Beck hat es bereits getan: er legt die Leitung der Friedrich-Ebert-Stiftung nieder. Was vorne rauskommt, wenn es hinten lichter wird, mag Olaf Scholz beantworten, wenn es soweit ist. Man kann ihm nur Glück und alles Gute wünschen, denn leicht wird es nicht. Vor allem, die mafiösen Strukturen der Finanzwelt dem Untersuchungsausschuss so zu erklären, dass deutlich wird, wer eine weiße Weste hat und wer nicht (und wer überhaupt). Olaf Scholz muss sich im wahrsten Sinne des Wortes "reinwaschen". Da liegt einiges an Arbeit vor ihm, für die er viele gutmeinende Unterstützer benötigen wird. Die FDP steht schon bereit und hat mit Volker Wissing eine Personalentscheidung getroffen, die eine sozialliberale Koalition in Aussicht stellen könnte, die Christian Lindner mit neuerlich sexistischen Äußerungen über morgendliche Telefonkonferenzen gleich wieder riskiert haben könnte. Rot-rot-grün jedenfalls scheint verbraucht, auch in Berlin. Insgesamt sieht alles eher nach einem grünen Durchmarsch aus, zumindest wenn man die Kommunalwahlen beispielsweise in NRW als Probelauf nimmt, bei dem so mancher sein blaues (grünes?) Wunder erlebt hat. Ob auf Bundesebene nun doch schwarz-grün Wirklichkeit werden wird wie in Baden-Württemberg auf Landesebene bereits erprobt, wird sich zeigen. Die Kommunen haben sich neu geordnet und es stehen noch weitere Landtagswahlen an, die noch Vieles verändern könnten was bisher kaum möglich schien. Gelsenkirchen beispielsweise hat sich für eine Große Koalition unter der Führung von Karin Welge von der SPD entschieden. Mit dem Ausgang der Präsidentschaftswahlen in den USA zugunsten von Kamala Harris und Joe Biden dürfte ihre Arbeit somit eher leichter als schwerer werden im Sinne einer konstruktiven Gestaltung der Zukunft. Denn diese ist nun eindeutig weiblicher und wieder demokratischer statt autokratisch. Ein Triumph der Demokratie, des Humanismus und des Feminismus - gleich drei Schreckgespenster auf einmal für alle Rechten -, der von Aktivisten, Bürgern und Intellektuellen hart erkämpft worden ist. Es steht zu vermuten, dass demnach kein harter politischer Winter bevorsteht wie so manche befürchten, sondern viel Gutes für all jene, die wissen, dass die Wirtschaft und mit ihr die Menschen viel anpassungsfähiger sind als Ideologen und Bürokraten es oft behaupten. Damit stehen sie ja nicht allein, denn psychologische Effekte wie zum Beispiel Diversifizierung aufgrund von Krisenmomenten oder eben im Zuge weltweiter Dekolonisierungsprozesse haben nicht alle immer auf dem Schirm. Selektive Wahrnehmung ist so weit verbreitet wie Dummheit, gegen die kein Kraut gewachsen scheint. Eine Ampel könnte am Ende des Weges hell den Weg erleuchten für eine Erneuerung, die das Land dringend braucht. Und falls Jamaika kommt, holt schon mal die Joints raus, Jungs!

Rassismus ohne Rasse ?

Seit langem schon beschäftigt sich die Wissenschaft mit dem Begriff "Rasse". In sozialen Medien wird dem Thema breiter Raum eingeräumt. Erst seit kurzem konnte gezeigt werden, dass er in Bezug auf Menschen irreführend und obsolet ist. Wenn man aber sagt "Rassen" als Zuschreibung für Menschen gäbe es gar nicht, da sie wenig Sinnvolles beizutragen hat in Debatten über Diskriminierung und Ausgrenzung, läuft man Gefahr, zu den Leugnern des strukturellen Rassismus zu gehören. Was der Presseclub heute diskutiert hat, ist ein Thema, das so alt ist wie die Menschheit selbst: Magst Du mich, kann ich Dir vertrauen, nimmst Du mich an? Wie schwer das Menschen oft fällt, hat jeder schon mal erlebt. Von daher stimmt es, dass die Zuspitzung auf den Slogan "Black lifes matter" (Schwarze sind wichtig) eine verkürzte Sichtweise auf das Gesamtproblem bedeutet. Hingegen ist es aber ein Truismus zu sagen, dass selbstverständlich jedes Leben zählt. Die Zwickmühle, in die man dadurch gerät, kann schnell zu dem Einwand führen, man favorisiere also das bequeme "Sowohl-als-auch" und entziehe sich somit der Problematik der weltweiten Unterdrückung von Schwarzen.

Längst hat sich herumgesprochen, dass "Negerkuss" genauso wie "Berliner", "Florentiner", "Hamburger" oder "Mozartkugel" als wenig schmeichelhaft gelten können auch wenn (oder gerade weil) man sie mit Genuss verspeist. Zumindest sagen das diejenigen, die zunächst damit anfangen wollen, unsere oft zweideutigen Sprachen zu entrümpeln. Aber ist das zielführend? Der gegenwärtige Vorschlag der schwarzen Bewegung zielt vielmehr darauf, die Strukturen, in denen wir leben, gerechter zu gestalten. Wie wichtig Sprache dabei sein kann, verleugnet niemand, der sich dessen bewusst ist, was sie anrichten kann wenn das dazugehörige Bewusstsein nicht sehr ausgeprägt ist. Sprache ist nie naiv und sie prägt Bewusstsein und Haltung. "Nigger" spaßeshalber, zum Beispiel im Gangsta-Rap, zu verwenden, ist auch unter Schwarzen oft geläufig und wird nicht unbedingt als Beleidigung empfunden. Bei "Neger" ist das schon wieder etwas anders. Die Sklaverei, die viele Schwarze erleben mussten, hat tiefe Wunden hinterlassen, die nicht ohne weiteres verheilen. Sie dann mit einem Begriff zu belegen, der genau aus dieser Tradition kommt, kann da hinderlich für eine Verständigung, ja manchmal einfach unpassend sein. An dieser Stelle sei aber dennoch des Humors des legendären David Chapelle gedacht (der genau das gekonnt auf die Schippe zu nehmen verstand...!).

Helene Bubrowski von der FAZ hat eine sehr differenzierte, besonnene und ausgewogene Perspektive eingenommen. Denn es stimmt: Beschwerdeführer gibt es auch bereits bei der Polizei. Dass es noch zu viel Zurückhaltung gibt, diese Anlaufstelle zu nutzen, mag richtig sein. Und dafür kann es vielfältige Gründe geben, die rein gar nichts mit einer gegenseitigen oder einseitigen rassistischen Haltung zu tun haben müssen. Oft genug ist es tatsächlich so, dass viele nicht wissen, welche Möglichkeiten zur Verfügung stehen, und wenn ja, viele den bürokratischen Aufwand oder die Konfrontation scheuen. Heißt das schon, dass wir von lauter Rassisten umgeben sind? Man könnte es sich einfach machen und sagen: Genauso wie jedes Leben zählt, ist eben jeder ein Rassist. Die, die absichtlich anderen schaden oder sie verbal und körperlich angreifen oder sogar eliminieren wollen, und auch diejenigen, die sich gar nicht bewusst sind, dass sie diskriminieren. Es gibt unzählige Beispiele von Polizeigewalt gegen Schwarze auf der Welt. Jeder Fall ist einer zu viel, denn durch mehr oder bessere Deeskalationsmaßnahmen, Mediation und Schlichtung hätte sich jeder einzelne davon verhindern lassen - soviel kann man festhalten. Von daher ist es nicht absurd, Studiengänge oder Fachrichtungen so weit auszudifferenzieren, dass man das "Polizieren" in den Lehrplan, auch von Polizeiakademien und -schulen, aufnimmt, an denen es das noch nicht gibt. Dieser Vorschlag von Hadija Haruna-Oelker verdient von daher Beachtung und ist es wert aufgegriffen zu werden. Auch Polizisten lernen entgegen ihrem oft schlechten Image bei so manchen immer wieder gerne und bereitwillig dazu.

Alexander Kisslers Widerspruchsgeist in allen Ehren: die Standarte des Intellektuellen hochzuhalten, der alles mit einem kritischen Auge betrachtet und sich nicht lumpen lässt, ist ehrenwert. Doch manchmal ist es gar nicht verkehrt, sich seiner eigenen Schwächen erst bewusst und dann Herr zu werden, indem man über seinen Schatten springt auch dort wo nicht vertrautes Gelände ist. Keine Frage - die

Debatte wimmelt manchmal von Widersprüchen, die es zu entwirren gilt, und das gelingt Kissler in der Regel sogar sehr gut, zum Beispiel mit dem Hinweis, dass in Berlin es oft auch die Polizisten selbst sind, die angegriffen werden, und es inzwischen in manchen Stadtteilen ganze No-Go-Areas gibt. Nur hatte Hasnain Kazim recht als er sagte, dass wir Mäxchens Fehlverhalten nicht dadurch entschuldigen können, dass auch Fritzchen dasselbe an den Tag legt. Die Debatte in Deutschland ist nun nach den USA seit geraumer Zeit eröffnet und eine der Erfolgsgeschichten ist die von Aminata Touré, die seit August 2019 Vizepräsidentin des Schleswig-Holsteinischen Landtages ist. Viele weitere solcher Meldungen werden noch folgen und wir können uns nur wünschen, dass nicht nur die Betroffenen selbst, sondern alle das Beste daraus machen. Man kann nun hoffen, dass die rassistische Epoche ihrem Ende entgegengeht und die Symbolwirkung des Schuldspruchs im George-Floyd-Prozess ebnet dafür den Weg.

Demokratie ohne Demos ?

Demokratien sind fragile Gebilde, solange man sie nicht hegt und pflegt. Zu beobachten ist das schon seit geraumer Zeit. Für die Bürger eingerichtet und immer wieder reformiert wurde sie seit der Entstehung und ersten Ideen in der Antike. Die Antike ist längst vergangen, aber die Notwendigkeit an Reformen zu arbeiten nicht. Wer hätte gedacht, dass wir uns so lange mit der Verbesserung einer Idee herumschlagen würden, die eigentlich doch so naheliegend und einfach zu begreifen ist. Man kann eine Herrschaft nicht über die Köpfe der Beherrschten hinweg installieren und aufrecht erhalten. So viel ist klar. Weniger klar, da etwas komplizierter, ist die konkrete Ausgestaltung. Mitspracherechte haben bereits Kinder in ihren Familien: es wird nicht immer das gegessen, was auf den Tisch kommt. Das ist gut so, denn das eröffnet Wege für Kreativität, Vielfalt und Einfallsreichtum. Die Abwechslung, die es im täglichen Leben braucht, erfordert manchmal Anstrengung und das Verlassen eingetretener Pfade. Erst dann entdeckt man Neues, Spannendes und vielfach sogar Ungewöhnliches. Wer A sagt muss noch lange nicht B sagen. Daher die Einschränkungen hinzunehmen, die A mit sich bringen kann, ist nicht zwingend notwendig. Für seine Rechte aufzustehen und auf die Straße zu gehen, ist des Bürgers gutes Recht.

Heutzutage mischen sich Verschwörungstheorien, Halbwissen und komplette Unwahrheiten auch dank Socialmedia unter die Leute. Jeder glaubt und nimmt das an, was in sein Weltbild so gerade noch hinein passt. Manchmal kommen dabei wunderliche Ansichten zum Vorschein. Wer seinen Kleingarten an Ideen auf diese Weise pflegt, braucht sich nicht zu wundern, wenn Unkraut wuchert, das nur schwer wieder aus der Welt zu schaffen ist. Nicht selten horcht man dann auch auf, wenn sogar Experten Meinungen zum Besten geben, die aus der Mottenkiste der Historie stammen und eigentlich längst vergangen geglaubt schienen. Wenn Großmächte ihre Machtspiele betreiben, kann man als Beobachter leicht die Annahme übernehmen, wir würden alle nur hinters Licht geführt, ausgenutzt oder als Versuchskaninchen vorzugsweise der Lebensmittel- und Pharmaindustrie, der Rüstungslobby oder der

Kirchenoberen vorgeführt. Keine Frage: es gibt viel Übles und Schlechtes in der Welt, vor dem man sich zurecht schützen möchte. Das aber über den Weg von Allmachtsphantasien ausleben zu wollen, führt geradewegs in dieselbe Irre.

Meinungsbildung funktioniert über die zahlreichen Medien, die zur Verfügung stehen, aber eben auch durch eine solide Bildung, die Aufgabe der Kitas, Schulen, Universitäten und anderer Einrichtungen sind, für die nicht selten viel Geld ausgegeben wird (wenn auch insgesamt immer noch zu wenig und oft hapert es einfach daran, dass die zur Verfügung gestellten Gelder gar nicht beantragt und abgerufen werden). Das ist oft besser angelegt als so manche Aktie und kaum einer trägt Schaden davon, Bücher zur Hand zu nehmen, die den Horizont erweitern, ohne ihn gleich mit allerlei konfusem Gedankengut gleich wieder zu verdunkeln. Ob nun Esoterik-Boom oder Wirtschaftstheorien, die Suche nach Wunschpartnern oder allgemeine Glücksratgeber - alle sind sie geleitet von der Idee, das Leben der Menschen zu erleichtern, aber vor allem erleichtern sie deren Geldbörsen und Konten. Ein prall gefülltes Konto ist eine schöne Sache und dass Geld auszugeben gut tun kann, hat sich herumgesprochen. Den eigenen kritischen Menschenverstand zu schulen, dafür braucht es allerdings kaum Geld, sondern die Einsicht, dass man nur dann Herr im eigenen Haus bleibt, wenn man nicht jede modische Entwicklung für bare Münze nimmt. Auf der Klaviatur des Lebens gibt es viele schöne Melodien - nicht alle muss man mitsingen. Die schönste Melodie kann man indes nur selbst komponieren und dafür bedarf es nicht vieler Dichter und Denker, sondern nur etwas Phantasie und ein Gespür für das, was es braucht, um mitten im Leben zu stehen statt am Rande des Geschehens zu verweilen, weil es dort irgendwie alles kuscheliger und weniger riskant wirkt. Aber man ist ja ohnehin doch meist mittendrin. Die Kunst, die Wissenschaft und die Bildung fragen in erster Linie und gestalten natürlich auch, aber die Politik ist vorrangig damit beschäftigt zu machen und zu tun, auch wenn Sinn und Zweck manchmal gar nicht oder auf den ersten Blick auf der Hand liegen. Dass dadurch Konflikte generiert werden, liegt nah. Der Staat aber sind wir alle, von daher kann der Staat ohne uns nicht viel tun, auch wenn er gerne würde. Das Buch, das uns hilft, all das zu verstehen, wurde noch gar nicht geschrieben oder ist eben in zahllose andere Bücher bereits eingeschrieben. Und jedes neue Buch baut noch darauf auf. Von daher sind wir alle die Dichter und Denker, die sich diejenigen gewünscht haben, die diese vielen Bücher schrieben, um die Welt zu erklären. Wer sie besser machen wollte, ist meist schon daran gescheitert, sie in Gänze zu verstehen. Wie nahezu unmöglich das ist, erleben wir jeden Tag aufs Neue in den Nachrichten, die sich wiederholen. Wer das verstanden hat, hat schon mehr verstanden als sie oder er glaubt. Wer glaubt schon, dass er denkt, wenn er denkt.

Pressefreiheit im Presseclub

Der Presseclub ist kein Tresenclub. Von daher darf man zurecht erwarten, dass keine populistischen Allgemeinplätze wiederholt werden oder gar Leuten Raum geboten wird, die als Globalisierungsgegner allerlei Unwahrheiten verbreiten wollen – auch wenn es einiges gibt, das ihnen zurecht Unmut bereitet. Sie von daher mit einer kurzen und knappen Replik abzuhaken bevor sie sich so richtig in Rage reden können, daran tat der ARD-Journalist Jörg Schönenborn sehr gut. Moderation ist ein Metier, das er blendend versteht. Auf die Zuschauer hinzuweisen, die vom Sofa aus innerlich an der Diskussionsrunde teilnehmen, ohne explizit das Wort erteilt zu bekommen - auch das darf er als Vollprofi. Die Expertenrunde im Studio bestand diesmal aus zwei Frauen und zwei Männern, wobei eine Parität eventuell gar nicht intendiert war. Und in den sozialen Netzwerken verfolgten etliche Zuschauer die Sendung engagiert und interessiert.

Im Laufe der Diskussion eröffnete Beat Balzli seinen Balztanz gleich mit den bekannten Argumentationsansätzen der konservativen Revolutionäre, der Ulrike Herrmann so gar nicht beeindrucken konnte. Sie selbst kam allerdings über makroökonomische Sichtweisen auch kaum hinaus und Birgit Marschall konnte wenig zu der Frage beitragen, was denn nun tatsächlich geboten sei. Dass Letztere mit einem neuen und komplett ausgearbeiteten Marschallplan hätte um die Ecke kommen müssen, hatte auch niemand ernsthaft erwartet, aber wie so oft bekam man ein Potpourri geboten, das eine Vielfalt abbilden sollte, aber eher zur Konfusion beitrug. Gabor Steingart klang soweit überzeugend als dass er sich zumindest von alten Klischees und Dichotomien über Vermögende versus Bedürftige und Sozialstaat gegen Turbokapitalismus zu lösen gelernt zu haben schien. Seine Quasi-Unabhängigkeit als freier Buchautor, der keinem Zeitungsverlag mehr so ganz verpflichtet ist, wurde somit deutlich und so konnte er vielleicht als Einziger zurecht darauf hinweisen, dass der Blätterwald inzwischen, eigentlich schon seit geraumer Zeit, ordentlich durchgepustet wird durch die Online-Konkurrenz. Neue bahnbrechende Geschäftsmodelle zu diskutieren, war aber gar nicht das Thema, sondern die Frage nach der Steuergerechtigkeit. Dass es Ulrike Herrmann am liebsten über Steuererhöhungen für die Reichen und Birgit Marschall über die Abschaffung des Soli versuchen würden, klang altbekannt. Die beiden Männer hielten sich bedeckt in der Frage nach Lösungswegen, die eventuell wenig Prestige versprechen oder einfach zu mühsam umsetzbar scheinen. Lieber den Dämon der Massenarbeitslosigkeit an die Wand zu malen, der uns bevorstünde, ja bereits im Gange sein könnte, war Balzlis Vorschlag. Ziemlich wenig Beats, dafür umso mehr Dissonanz. Dass der Export rückläufig ist, vor allem auch in der so systemrelevanten Autoindustrie, lässt sich zwar nicht leugnen und dass damit Arbeitsplätze wegfallen können auch, ja bereits sind, doch Wirtschaft ist ein kreatives Feld, auf dem Neues manchmal ganz schnell Fuß fassen kann, aber eben oft auch etwas länger braucht als so manche Geduld währt. Zu dramatisieren, zu meckern oder zu kritisieren ist immer leichter als Wege zu finden, die weiterführen als bis zur eigenen Nasenspitze bzw. von der Wand bis zur Tapete gedacht. Einen Masterplan scheint es nicht zu geben, darüber kann man sich einig sein. Wie soll´s also funktionieren: ohne Mischfinanzierungen läuft in der Wirtschaft kaum etwas und Verschuldung gehört genauso zum Rezept, so viel scheint den meisten ernstzunehmenden Ökonomen klar. Solange so viele Kommunen quasi leere Kassen aufweisen, solange werden die Populisten nicht ruhen. Ob die 750 Milliarden Euro, die Merkel und Macron im gesamteuropäischen Kontext bereitstellen wollen, reichen werden, ist fraglich. 135 Milliarden davon soll Deutschland stemmen. Dass alles etwas kostet und Geld erst einmal erwirtschaftet werden muss und nicht etwa vom Himmel fällt, ist vielen Linken klar. Dass das aber eben nicht auf dem Rücken anderer, zum Beispiel im Niedriglohnsektor Arbeitender langfristig gut gehen kann, das ist worauf sie hinzuweisen nicht müde werden. Die "Schwachen" sollen unsere Produkte kaufen, sagte einmal der ARD-Brüssel-Korrespondent Ralph Sina. Nur wie sollen sie das, wenn es eher darum geht, die Wirtschaft auch anderer Länder so zu stärken, dass der Konkurrenzkampf um Güter und Dienstleistungen nicht auf die Spitze getrieben wird? Höhere Löhne, also gestärkte Kaufkraft bedeutet eine starke Wirtschaft.

Und nicht immer die Keule der Generationengerechtigkeit zu schwingen, wenn einem die Argumente ausgehen, täte denjenigen gut, die ihre Polemiken tagein tagaus wiederholen, ob nun für ihre treuen Leser oder für Zuschauer solcher Sendungen, von denen es eher mehr als weniger geben sollte, um den Populismus aus den Angeln zu heben. Manche der Zuschauerreaktionen machten denn leider recht deutlich, wie viel Arbeit noch vor uns liegt. Auch Phoenix darf sich freuen, zum Qualitätsjournalismus täglich beizutragen. Von daher: der Minderheit der Vereinfacher, die zuweilen wie eine Mehrheit wirken, gilt es, nicht nur medial Herr zu werden. Aber das ist eine der Säulen. Das kann gelingen, und das wird es auch. Mit etwas mehr Mut zur Lücke und Optimismus in den Backen.

Der ESC als Ein-Frau-Show

Alles tritt in den Schatten, wenn Barbara Schöneberger die Bühne betritt, egal in welchem Fummel und auch ohne Publikum schnattert sie drauf los und redet alle in Grund und Boden. So auch diesmal. Den Bands und Sängern die Show zu stehlen, fällt ihr sichtlich leicht und das Redemanuskript ist voll gespickt mit Wortspielen und Anspielungen, die nicht nur Insider, aber vor allem alte ESC-Hasen verstehen sollen. Eine abgespeckte Show, die diesmal im Vergleich zum Vorjahr mit Effekten geizte, bot ein Kessel Buntes. Während die Pointer Sisters-Doubles aus Schweden herzhaft groovten und Malta und Island ebenso schwungvoll waren, kamen die Schweiz und Italien quälend und flehend rüber - man musste sich fragen, wie sie den Mut aufgebracht hatten, mit ihren Songs überhaupt anzutreten. Russland bot eine witzige Performance, bei der vielleicht nicht nur die Interpreten weiche Knie hatten. Und Kleopatra gegen Pointer Sisters war einfach noch chancenloser als die schöne Melancholie Bulgariens gegen das fade Einstiegslied. Insgesamt, man kann es sich nicht verkneifen, waren die Darbietungen wenig mitreißend und spektakulär. Aber so sollte es wohl sein und die Pointen der Moderatorin - irgendwie hatte man das Gefühl, sie schon alle zu kennen. Dass Litauen den Sieg davon trug, mag Freunde der Ein-Mann-Show nicht verwundert haben. Der Flirt mit der Schöneberger war zwar holprig, aber was macht das schon. Litauen sollte es sein und so wurde es Litauen.

Michael Schulte und Peter Urban durften natürlich nicht fehlen. Zweimal gesungen ist halb gewonnen, der vierte Platz wird niemals vergessen genauso wie Lenas Satellite-Siegerhit, mit dem ihre Karriere steil ging. All das in Ehren - von Jahr zu Jahr wird die ganze Veranstaltung immer vorhersehbarer und damit Europa hochleben darf, mindestens einmal im Jahr, kommen immer wieder Musiker zusammen, von denen "echte" Musiker behaupten, sie seien keine, sondern nur Eintagsfliegen, deren Ruhm ungefähr vier Minuten dauert. So war der Abend kurz und bündig: zehn mal ging´s an den Start fürs Siegertreppchen und wie immer "the winner takes it all", this time to Lithuania. Gerechtigkeit muss sein und kein Wunder, denn schon 2006 hatte es sich mit "We are the winners" auf den sechsten Platz beim ESC in Athen gesungen.

Der Vorbote des heutigen Sieges, also so viel Zufall muss mal sein. Was macht es da schon, dass andere besser gesungen und performt hatten. Schwarzweiß kommt im Lametta der Show eben einfach glatt rüber bis hinüber aufs Siegertreppchen. Hin oder her, einer muss es schließlich werden. Das Wort zum Sonntag der Pfarrerin, die mit der Elfi im Hintergrund so wirkte wie gerade auf Spritztour durch die Elbmetropole, traf den Nagel auf den Kopf: auf die Vielfalt kommt es an. Dass sich die Voter dann allerdings für eine Performance entschieden haben, die genau das nicht bot, war schon enttäuschend, um nicht zu sagen: irgendwie platt.

Man möchte am liebsten die ESCape-Taste drücken. Im Socialmedia-Zeitalter ein Leichtes.

Die Corona der Schöpfung

Markus Söder probt die Kanzlerschaft. Nicht nur er. Laschet kann et eventuell auch nicht, nicht weil er vielleicht zu lasch wäre wie viele CSUler annehmen möchten, sondern weil seine Frau nicht unbedingt nach Berlin ziehen mag. Aber vielleicht kann er sie ja noch überreden. Und ausgerechnet der Partyfuzzi Söder beklagt, dass es Corona-Partys gibt. Genauso kurios ist es, wenn Leute, die rauchen, darauf aufmerksam machen, Zigarettenstummel solle man nicht wahllos wegwerfen, sie gehörten schließlich in einen dafür vorgesehenen Aschenbecher. Trotzdem muss man Corona-Partys nicht cool finden. Manchem drängt sich inzwischen der Eindruck auf, die Frage der Nachfolge Angela Merkels solle im Zuge der Corona-Krise geregelt werden. Dabei dauert die Große Koalition, die sie anführt, qua Legislaturperiode noch bis September 2021. Erste Anzeichen gesundheitlicher Schwächen Merkels haben bei manchem jedoch die Sorge, bei anderen den Wunsch hervorgerufen, sie möge sich alsbald ablösen lassen. Doch Merkel wäre nicht Merkel, wenn sie nicht standhaft bliebe und Zweifel durch ihre Klarstellungen ausräumte. Sie regiert wie immer, und zwar so als sei nichts gewesen - auch wie immer. Das kann sie gut, denn sie weiß, dass sie nur durch ihr Auftreten punkten kann. Und das zahlt sich aus: die CDU steht in Umfragen so gut da wie zuletzt 2017. Da können andere Parteien nur hinterher rudern, selbst die Grünen, die sich über Zuwachs freuen können. Zeitweise überholen sie auch schon mal den schwarzen Gegner, je nachdem wie die Meinungsumfragen so formuliert sind.

Der Green Deal jedenfalls scheint sich indes so oder so und schrittweise durchzusetzen. Selbst Wirtschaftsbosse mahnen inzwischen an, dass alles viel zu langsam gehe. Sie träumen schon von den Gewinnen, die grüner Wasserstoff zum Beispiel in Aussicht stellt. Die Einsicht zum Handeln ist nicht zuletzt auch durch die von Greta Thunberg initiierte Fridays for Future-Bewegung gestiegen, mit der sie auf den Socialmedia-Kanälen omnipräsent war. Das Chaos ist perfekt. Es könnte wahr werden, wovon grüne Realos seit Jahrzehnten träumen: dass die Grünen die Kanzlerin stellen werden, und zwar in der Person von Annalena Baerbock. Noch können wir ökologisch das Ruder herumreißen, da sind sich die meisten Experten einig. Dann muss allerdings zügig ziemlich viel geschehen. Die "Bleib Zuhause"-Kampagne trägt erste Früchte: die Stickstoffwerte sind spürbar vielerorts gesunken, allein durch die Tatsache, dass durch die Umstellung auf Homeoffice für viele der Weg zur Arbeit wegfällt. Sauberere Luft, die wir der Ausbreitung eines gefährlichen Virus -bzw. der Bekämpfung derselben verdanken ? Doch das Virus macht auch vor der Luft nicht Halt. Klingt ziemlich paradox und absurd. Aber können wir uns aussuchen wie der Wandel vonstatten geht ? Nur wenn wir einsehen, dass es auf jeden Einzelnen ankommt. Die vielen Opfer, die es jetzt schon gegeben hat, sind zu beklagen, vor allem weil die Maxime, dass es auf Menschenleben ankomme, nicht ganz gegriffen zu haben scheint.

Der Wandel ist gerade dabei, uns alle in seinen Bann zu ziehen. Und schon sind schon wieder diejenigen auf dem Plan, die glauben und vertreten, dass das Gottes Strafe an einer gewissen- und gedankenlosen Menschheit sei; die Rache der Natur sei allgegenwärtig. Und der "Homo Sapiens" eben gar nicht so wissend und weise und daher werde sein Lebensstil auf Dauer nicht zu verkraften sein, ja er werde früher oder später aussterben. Schließlich hatte es einst selbst die so widerstandfähig wirkenden Dinosaurier erwischt. Gott ehren und den Planeten schützen, das sei das Gebot der Stunde, hört man vielerorts. Wer wird sich aber nach mehr als 5000 Jahren Zivilisationsgeschichte davon beeindrucken lassen ? Jeder, der erkannt hat, dass es in vielerlei Hinsicht weniger als fünf vor zwölf ist. Es sieht zwar so aus, dass sich die Mehrheit an die vorgegebenen Regeln hält, aber viele könnten wieder in alte Muster zurückfallen, wenn sie die gebotenen Maßnahmen nicht lange genug einüben. Und bald können wir uns freuen, dass schon wieder alles schneller passé ist als es gekommen war. Krisen werden zwar nicht nur herbei geredet, oft sind sie auch sehr real und für viele eine echte Herausforderung. Möge die künftige Kanzlerin - denn nach einer weiblichen Besetzung spricht momentan ja Vieles - Spass daran haben, im Rampenlicht zu stehen bzw. Lösungen zu finden, die Probleme beseitigen statt welche zu schaffen. Aber wer schafft das schon in einer Welt voller Widersprüche und Ungereimtheiten? Übermenschliches scheint am Werk, munkeln die

Verschwörungstheoretiker.

Und inzwischen darf Armin Laschet für die CDU weiter vorangehen falls Markus Söder nicht doch noch weiter quer schießt und sich darin ausprobieren, einer grünen Realpolitikerin die Stirn zu bieten, auf gleicher Höhe und in dem Versuch, den Sanierungsfall Deutschland von Grundauf zu modernisieren. Auch wenn viele Wirtschaftsliberale nicht müde werden zu betonen, dass es Deutschland an Rohstoffen mangele bzw. fehle - dadurch wird diese Aussage nicht richtiger. Alle Kanzlerkandidaten von links bis rechts müssen nun beweisen, dass sie mit dem was Deutschland zu bieten hat, verantwortungsvoll umgehen können. Die Rohstoffe sind vielleicht nicht so reichlich vorhanden wie in Afrika, aber sie sind da. Dank der Frauenquote muss Robert Habeck nun allerdings zurückstehen und dabei zuschauen, wie seine Kollegin den Laden schmeissen möchte - immer in Absprache versteht sich. Denn das gehört genauso zur aktuellen grünen Harmonie-Inszenierung wie die Sonnenblume als Emblem. Kinder zur Sonne...?

Promis

Warum sind Journalisten, Schauspieler, Fußballer, Manager, Models und Spitzenpolitiker eigentlich oft so unverschämt überbezahlt? Ist es ein Merkmal der Moderne, dass einzelne Protagonisten dermaßen hervorgehoben werden, dass man meinen könnte, sie verfügten über übermenschliche Fähigkeiten? Oder brauchen wir sie nur als Projektionsfläche bzw. gerade deshalb und sind daher bereit, so viel in sie zu investieren, weil sie unser Ideal von Schönheit, Intelligenz, Mut, Einsatz und Risikobereitschaft verkörpern (sollen), das wir uns nicht selbst zutrauen? Sollen sie unser Ersatzleben, unser Surrogat sein, an dem wir uns laben, solange sie im Glück schwelgen und die wir verdammen, wenn ihnen mal ein Missgeschick passiert oder sie eine schwere Krankheit, eine Trennung oder ein Rücktritt trifft? Nein, Giftpfeile wird man nicht gerade aussenden, wenn eine Familienministerin über ihren Doktortitel stürzt, der in Deutschland irgendwie immer zum Stolperstein zu werden scheint. Kein Glück in der Politik ohne anständige Recherche - das gilt eigentlich überall im Leben. Angehende Politiker mal hergehört: entweder ihr nehmt die wissenschaftlichen Regeln und Standards so ernst wie eure Steuererklärung oder ihr lasst es lieber gleich bleiben.

Wenn man sich den Einsatz so manchen Promis einmal genauer ansieht, ist es tatsächlich so, dass ihnen nicht selten viel abverlangt wird: sie jetten um die Welt oder durchs Land, auch wenn das häufig angenehmer sein kann als sein Dasein in Castrop-Rauxel zu fristen, leben häufig aus dem Koffer, müssen flexibel sein, hart trainieren oder üben, körperlichen Einsatz zeigen, meistens auch noch fit, gutgelaunt, wortgewandt und gutaussehend sein. Am besten natürlich alles auf einmal und immer. Models zum Beispiel achten peinlich genau darauf, was und wie viel sie essen, wie sie ihre Haut und ihren Körper pflegen, Schauspieler müssen ständig Filmskripte auswendig lernen, die nicht alle vom Feinsten sind, Manager müssen permanent Mitarbeiter führen und in Sitzungen weilen, Fußballer stehen bei Wind und Wetter auf dem Fussballplatz und holen sich oft schwerwiegende Verletzungen, und Politiker stehen auch immer in der Öffentlichkeit und dienen als Sündenbock für

Fehlentwicklungen, von denen sie selbst wissen, dass sie diese nie allein zu verantworten haben, sondern immer im Zusammenspiel mit vielen Entwicklungen, die außerhalb ihrer Macht stehen. Ja, ich weiß: uns kommen die Tränen ! Kein Wunder, dass nicht jeder mit ihnen tauschen möchte. Wollen wir anderen doch gönnen, was ihnen einfach Spass macht. Denn macht nicht jeder genau das? Denn ganz klar besteht der Sinn des Lebens ja genau im Leben selbst. Wie ich es ausgestalte, liegt ganz in meiner Hand, Schicksal hin oder her. Oft helfen wir dem Schicksal nur etwas nach und wenn uns das bewusst wird, staunen wir was wir alles zuwege bringen. Man muss nur wollen: gönnen können und gestalten wollen.

Zukunftsvisionen

Gesellschaften stehen vor der Herausforderung, ihre Zukunft so zu gestalten, dass die gegenwärtige Entwicklung von mehr und mehr Individualisierung nicht in ein Auseinanderfallen mündet. Diese erscheint ohnehin nur vordergründig. Im Kern geht es vielen Bewegungen viel eher darum, über nur scheinbar individualisierte Angebote Kollektivierung zu fördern, das heisst die Menschen hinter einem bestimmten Konsumverhalten zu vereinen. Die Sozialen Medien machen es vor und bestimmen häufig genug den Takt und das Tempo. Wer beispielsweise bestimmte Trends nicht mitmacht, wird oft automatisch ausgeschlossen, bekommt aber die Chance intensiver zu sich selbst zu finden, welch Glück! Dieses Konsumverhalten trägt heute in hohem Maße dazu bei, dass Menschen zu Dingen bereit sind, für die in früheren Zeiten die Hemmschwelle höher lag. Durch die Möglichkeiten des Internets und der Socialmedia beispielsweise konnten Rechtsextreme zudem stark an Boden gewinnen und weltweit viel leichter Anhänger organisieren.

Da sind die Fragen der Arbeitsplatzsicherheit, der Lohnhöhe, der Steuergerechtigkeit, der Familienpolitik, der inneren und äußeren Sicherheit, der Bildungsförderung, des Umwelt- und Verbraucherschutzes und der Forschung und Entwicklung. Es ist erstaunlich, dass eine Partei wie die SPD, die einst vehement für die Rechte von Arbeitern eintrat, nicht dazu in der Lage scheint, ihre Klientel so zu erweitern, dass sie den Namen „Volkspartei“ tatsächlich verdient. Vor allem aber versucht sie zwar in der Tat durch die Stärkung von Arbeitnehmerrechten weiter an Profil zu gewinnen und dadurch dass sie unermüdlich auf diese hinweist. Das bedeutet aber nicht, beim Erreichten stehenzubleiben bedeute eine stärkere Identität. Ganz im Gegenteil: den Mindestlohn beispielsweise auf mindestens zehn bis zwölf Euro zu erhöhen, eine allgemeine Lohnuntergrenze zu fordern, eine verkürzte Arbeitswoche einzuführen (von der 35-Stunden-Woche zur 30-Stunden-Woche - manche Firmen sind hier bereits voran gegangen) und somit auch Arbeitslosigkeit weiter zu bekämpfen und sichere umweltfreundlichere Arbeitsplätze zu schaffen, die nicht nur den Konjunkturen unterliegen, Schutz vor Altersarmut zu garantieren, die Gleichheit von

Mann und Frau (was vor allem auch die Bezahlung betrifft) zu gewährleisten und dafür zu sorgen, dass Familien Planbarkeit und Sicherheit bekommen, um *work-life-balance* im Sinne von mehr Zeit für die Familie zu gewährleisten - all das gilt es ja erst noch umzusetzen. Und das alles ist auch nicht neu. Was oft fehlt in der Diskussion sind konkrete Vorschläge zur Umsetzbarkeit von mehr Gerechtigkeit in unserer Gesellschaft, bei der man alle mitnehmen kann und keine reine Klientelpolitik betreibt. Gesellschaften sind dem Druck von Lobbyisten und Wirtschaftsverbänden ausgesetzt, die ganz andere Interessen verfolgen als nur das Wohl der Einzelnen und die die Menschen oft genug davon überzeugen können, dass alles von der Wirtschaft abhänge, was es oft genug ja auch tut. Die Politik muss jedoch wieder dazu in die Lage versetzt werden, Gestaltungsmacht zurückzugewinnen und nicht alles dem Wirken der Märkte zu überlassen. Die Banken- und Eurokrise hat eindrucksvoll bewiesen, wohin es führen kann, wenn man Wirtschaftslenkern das Ruder überlässt. Politikerinnen wie Sahra Wagenknecht oder Marina Weisband weisen unermüdlich darauf hin, dass das keine gute Idee war. Im Zirkus der Eitelkeiten will eben jeder seinen Teil dazu beitragen als der Beste dazustehen.

Widersprüchlich mag klingen, dass es eine Mischung aus „back to the roots" und neuen Zukunftsvisionen geben müsste. Mit „back to the roots" gilt es, die Agenda 2010 so umzukehren, dass es nicht mehr darum geht, Arbeit um jeden Preis zu vermitteln (nämlich um den Preis niedriger Löhne und schlechter Arbeitsbedingungen), sondern die Fähigkeiten, Talente und Bedürfnisse der Menschen so zu berücksichtigen, dass sie Spass haben an dem, was sie tun. Dort, wo die nötigen Qualifikationen fehlen, müssten mehr Angebote der Weiter-und Fortbildung gemacht werden (die insgesamt noch viel zu wenig genutzt werden) und Zeit und Gelegenheit zur Umorientierung. Warum die Hartz-IV-Falle nicht umbenennen in "Weiterqualifizierung" oder "Neustart"? In Jobs, die kaum oder keine spezifische Qualifikation erfordern, müssten dennoch höhere Löhne gezahlt werden, um Niedriglöhnen und moderner Sklavenarbeit entgegen zu wirken, die man in Ansätzen sogar hierzulande beobachten kann. Gleichzeitig wäre es wünschenswert, bislang noch unattraktiv wirkende Jobs durch Lohnerhöhungen attraktiver zu machen. Handwerk, Dienstleistungssektor, Industrie, Handel, Öffentlicher Dienst und Bildungssektor können attraktivere Arbeitgeber sein als sie es bisher sind, indem zum Beispiel auch sachgrundlose Befristungen und Werkverträge aufgehoben werden und mehr Tarifgebundenheit Einzug hält.

Die Idee des "Bedingungslosen Grundeinkommens" verdient gewiss mehr Beachtung. Es ist zwar noch umstritten, wie viele Arbeitsplätze tatsächlich durch die Digitalisierung (Stichwort Algorithmen) und Automatisierung wegfallen werden, oder ob nicht doch eher neue Arbeitsbereiche entstehen werden (wie es bisher auch stets der Fall war). Aber vorsorglich zu denken, kann bekanntlich nicht schaden. Das BGE soll dabei nicht als „bequeme Couchmentalität" missverstanden werden, sondern als Anreiz dafür gedacht sein, damit man seine Ideen auf dem Arbeitsmarkt gesicherter nachgehen und kreativ sein kann. Wenn zudem die allgemeine Kaufkraft gestärkt wird, kurbelt das die Konjunktur an und fördert das Wirtschaftsleben nachhaltig.

Bislang wird viel zu unkritisch von vielen Seiten gefordert, die Bundesrepublik Deutschland möge in der Digitalisierung vorangehen, sie sei quasi abgehängt, wobei Indien und China längst die Nase vorn haben. Oft fehlt dabei der kritische Blick auf die Nachteile der Digitalisierung, angefangen von der Computersucht bis hin zum Wegfall vieler Tätigkeiten, dem Internetmissbrauch wie zum Beispiel Cybermobbing und Hacking oder das Umgehen des Datenschutzes. Daher sollte jede Diskussion über Digitalisierung auch gleichzeitig davon sprechen, was wir durch die Digitalisierung auch verlieren können statt nur zu betonen, was wir durch sie gewinnen. Es gilt sie sicher, gerecht und sinnvoll zu gestalten.

Im Gesundheitssektor klingt das Schlagwort „Bürgerversicherung" sehr allgemein. Sinnvoll ist es sicherlich, die Zahl der Krankenkassen zu reduzieren und langfristig, umfassende allgemeine Angebote zu machen und nur noch zu einer Privatversicherung und einer Pflichtversicherung zu kommen. Wer immer noch glauben möchte, dass eine private Krankenversicherung *per se* besser ist, kann daran festhalten privat einzuzahlen. Überzeugender ist es sicherlich, an der Pflichtversicherung für die Mehrzahl festzuhalten. Der Katalog an Leistungen, den eine Pflichtversicherung abdeckt, sollte auch zukünftig erweitert werden, beispielsweise um homöopathische Behandlungen, so umstritten sie auch sein mögen, und innovative gesicherte Heilmethoden, denn die Forschung ist inzwischen weiter fortgeschritten und auch die Schulmedizin hat dazu gelernt. Warum zum Beispiel die eine Krankenkasse die Zahnreinigung übernimmt und die andere nicht, ist in Zeiten von Corona, wo die Mundhygiene ganz fundamental ist, nicht einsehbar.

Und ganz entscheidend scheint, dass Unternehmen, die große Gewinne erzielen, diese nicht in Steueroasen auslagern, um zuhause der Steuer zu entgehen. Das eigene Land herunter zu wirtschaften, dürfte nach dem gesunden Menschenverstand nicht belohnt werden. Denn mittlerweile haben viele eingesehen, dass der marode Zustand mancher Straßen, Brücken, Schulen, Krankenhäuser und anderer öffentlicher Einrichtungen auch damit zu tun hat, dass die nötigen Steuergelder fehlen. Oft genug verfügt der Staat zwar über einen Steuerüberschuss, der könnte allerdings um ein Vielfaches höher sein, wenn alle ihre Steuern dort zahlen würden wo sie leben (auch wenn sie oft genug zahlreiche Wohnsitze haben). Kontrolleure werden geschickt umgangen (genau wie beim Mindestlohn) und es werden Regelungen toleriert, die die Steuerhinterziehung einfacher machen wie zuletzt bei den Wirtschaftshilfen, als man noch nicht einmal die Bankdaten der Antragsteller ordentlich prüfte. Hier gilt es, beherztere Gesetzesvorschläge zu machen und auch stärker auf die Selbstverpflichtung der Beteiligten zu pochen. Das fängt bei der Erziehung in den Familien und Schulen an. Steuerhinterziehung müsste so abschreckend werden, dass nicht mehr so viele glauben dürfen, straffrei zu bleiben, wenn sie Steuern einfach umgehen.

Elterngeld ist ein attraktiver Anreiz für die Familiengründung und auch kostenlose Kitas, vor allem für einkommensschwächere Familien, helfen dabei, die Glaubwürdigkeit des Staates zu erhöhen. Wer Kinder bekommt, sollte nicht durch zusätzliche Ausgaben bestraft werden, sondern ihm sollte die Kindererziehung erleichtert werden. Dabei muss der Staat einspringen wo er kann, und daher wäre es auch wünschenswert, wenn man die Menschen davon überzeugen könnte, dass beispielsweise Privatschulen und Internate nicht *per se* die bessere Wahl bedeuten.

Das kann allerdings nur gelingen, wenn man die Investition in öffentliche Schulen massiv erweitert. Das beginnt bereits mit der Ausbildung der Lehrkräfte. Auch hier könnte wieder diskutiert werden, ob der Religionsunterricht flächendeckend durch Philosophieunterricht ersetzt werden könnte, in dem auch die Religionsgeschichte behandelt wird.

Europa ist ein wichtiges Stichwort einer zukunftsweisenden Außenpolitik. Bislang klingt Europa für viele Menschen sehr abstrakt und vor allem bürokratisch und abgeschottet. Warum wird nicht häufiger darauf hingewiesen, worin wir alles durch unsere EU-Mitgliedschaft profitieren und an wie vielen Förderprojekten im Inland die EU eigentlich beteiligt ist? Austausche, Partnerschaften und europäische Kooperationen könnten weiter ausgebaut werden und müssen den Menschen auch vermittelt werden. Das heißt man muss von einer Hinterzimmer-Politik bzw. einer Bürokratie-Maschine wegkommen. Politik wieder transparenter zu machen, lautet die Devise seitdem Populisten genau diese Schwäche ausnutzen und den Menschen glauben machen wollen, dass die etablierten Politiker kein Interesse an den Interessen der Bürger hätten. Wenn tatsächlich zu viel darüber diskutiert wird, wer welchen Posten bekommt statt die Inhalte mit Inhalten zu füllen, macht Politik sich unglaubwürdig. Parteien könnten auch stärker zu einer Mitmachpartei werden. Durch Mitgliederbefragungen ist hier bereits einiges erreicht worden. Die Ideen und Konzepte aus der Basis stärker zu berücksichtigen, macht sie demokratischer. Dafür bedarf es aber nicht der Diskussionen um der Diskussion willen, sondern echten Veränderungswillen und tragbare Konzepte, für die man Mehrheiten gewinnen will. Zum Beispiel zu fordern Deutschland solle keine Rüstungsgüter in Krisengebiete exportieren, wirkt absurd, wenn man bedenkt, dass sie genau dafür produziert werden. Logischer klingt es dann doch zu sagen, dass sie gar nicht erst hergestellt werden. Ja, ich weiß: "Make love, not war!" Joan Baez und John Lennon lassen grüßen.

Das globale Dorf der Socialmedia-Nutzer diskutiert solche Fragen tagein tagaus durch Posts, Beiträge, Artikel, Fotos, Links, Karikaturen und Witze. Die Algorithmen der Zukunft liegen alles andere als brach. Das ist in der Tat gelebte Demokratie, die um einiges an Qualität hinzugewinnen könnte, wenn auch Regeln stärker durchgesetzt werden könnten. Uploadfilter zum Beispiel sollen die Verbreitung von Inhalten einschränken, schaden aber dennoch den Urhebern, und damit zahlreichen jungen Künstlern, dadurch dass eine bestimmte Datenmenge weiterhin frei verfügbar bleibt. Die Anarchie im Netzt fördert die Kreativität - das steht gänzlich außer Frage. Aber fördert sie auch das gemeinsame Wohl so nachhaltig, dass sich künftige Generationen bei der Nutzung des Internets keine Gedanken mehr beispielsweise über den Stromverbrauch machen müssen ? Oder dass sie die Kleidung, die sie im Onlineshop bestellen, nur auf Kosten von Unmengen von Wasser und langen Transportwegen bekommen ? Klar, inzwischen ist Nachhaltigkeit das Schlagwort des Jahrtausends und ohne sie wird nichts mehr gehen. Auch wenn es utopisch klingt aus dem Mund eines der genialen Künstler unserer Zeit, nämlich Sebastiao Salgado, zu vernehmen, wir sollten zurück zum Lebensstil der Ureinwohner - so weit weg wirkt er gar nicht mehr. Aber zurück in die Höhle möchte ganz sicher niemand mehr wie der Jungunternehmer Frank Thelen ganz zurecht bemerkt hat. Solange eben klar ist, dass wir über Zerstörung jedenfalls nicht dahin kommen wo wir ursprünglich mal hinwollten, nämlich zu einem guten Leben.

Um die Rente zu verbessern, kann man sich stärker an Modellen im Ausland orientieren, wie Österreich, die Schweiz, Dänemark oder Schweden, eben den altbekannten Beispielländern. Die Lösung kann jedenfalls nicht darin bestehen nur noch zu riestern (wenn überhaupt) oder anders privat vorzusorgen, nur weil der Arbeitgeber bzw. der Staat nicht garantieren möchten, nach dem Ausscheiden aus dem Erwerbsleben eine hohe Rente zahlen zu können. Oft sind die Finanzmodelle ein einziger Dschungel, durch den selbst die Finanzberater nicht immer durchblicken und oft genug nur auf ihre Provision schielen. Jeder will eben Geld verdienen und abgesichert sein, daran ist *per se* nichts Verwerfliches. Aber hierbei geht es um die Wertschätzung der Arbeitsleistung jedes Einzelnen. Bislang dominiert der Anreiz, dass eher die Produktivität gefördert werden soll statt der reinen Kaufkraft und dass die Jungen das Ganze schon finanzieren werden. Allerdings wäre es besser, wenn beides zusammen gedacht werden würde. Diese Ideen sind vielleicht nicht neu. Sie zu bündeln zu einem Konzept, das die Menschen als tragbar und umsetzbar akzeptieren und an dem sie Spass haben mitzuwirken, würde einiges in Bewegung setzen. Auf den sozialen Netzwerken wird all das rege diskutiert und mit viel Phantasie in Szene gesetzt. Bleibt noch, dass sich auch viele finden, die an der Umsetzung auch in Zukunft weiter mitarbeiten möchten. Pragmatismus ist nicht das Schlechteste in der Politik. Vor allem wenn man sich anschaut, wohin falscher Idealismus, Heroenstilisierungen und Opportunismen das Land so hin manövriert haben. Und mit ihm eine Welt, die nicht mehr als analoges globales Dorf taumelt, sondern eine Richtung verfolgt, die in der Digitalisierung und künstlicher Intelligenz ihre Rettung zu ersehnen scheint.

MIX
Papier aus verantwortungsvollen Quellen
Paper from responsible sources
FSC® C105338

Printed by Books on Demand GmbH, Norderstedt / Germany